Gänsegewatschel

ZIEL

Regina Bestle-Körfer | Annemarie Stollenwerk

Laternenfest und Lichtermeer

Mit Kindern Sankt Martin feiern

Mit Bildern von Hans-Günther Döring

Sauerländer

INHALT

WENN ES DUNKEL WIRD

GEISTERSTUNDE

SONNE, MOND UND STERNE

SANKT MARTIN KOMMT AUF SEINEM PFERD

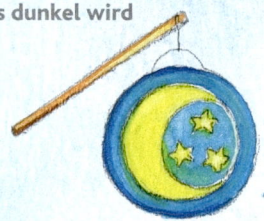

Wenn es dunkel wird

Laternenzeit

WUSSTET IHR SCHON …
Vor sehr langer Zeit war der November der neunte Monat im Jahr. Denn nach alter römischer Zählung begann das neue Jahr immer mit dem 1. März. Heute zählen wir anders: Der erste Tag im neuen Jahr ist der 1. Januar. Seitdem ist der November der 11. Monat des Jahres.

Im November, wenn es draußen immer früher dunkel wird und der Abend schon am Tag beginnt, ist Laternenzeit. Freut ihr euch auch darauf, eine neue Laterne für das Martinsfest zu basteln, auf den Laternenumzug mit Martinsfeuer und Weckmann essen? Aber nicht nur um den 11. November, wenn das Fest von St. Martin gefeiert wird, leuchtet euer Laternenlicht: Aus manchen Fenstern strahlen die Laternen mit Mond und Sternen um die Wette, bis die Adventszeit beginnt. Laternen erhellen die Nacht und vertreiben die Finsternis. In diesem Buch findet ihr viele lustige Laternenbastelideen, Geschichten, Lieder und Wissenswertes rund um die beginnende dunkle Jahreszeit. Wenn draußen der graue Novembersturm die letzten Blätter von den Bäumen fegt, könnt ihr es euch im warmen Haus mit eurer Fa-milie und Freunden so richtig gemütlich machen: bei Laternenlicht, lustigen Spielen und selbst gebackenen Martinsnaschereien. Eine wunderschöne Laternenzeit!

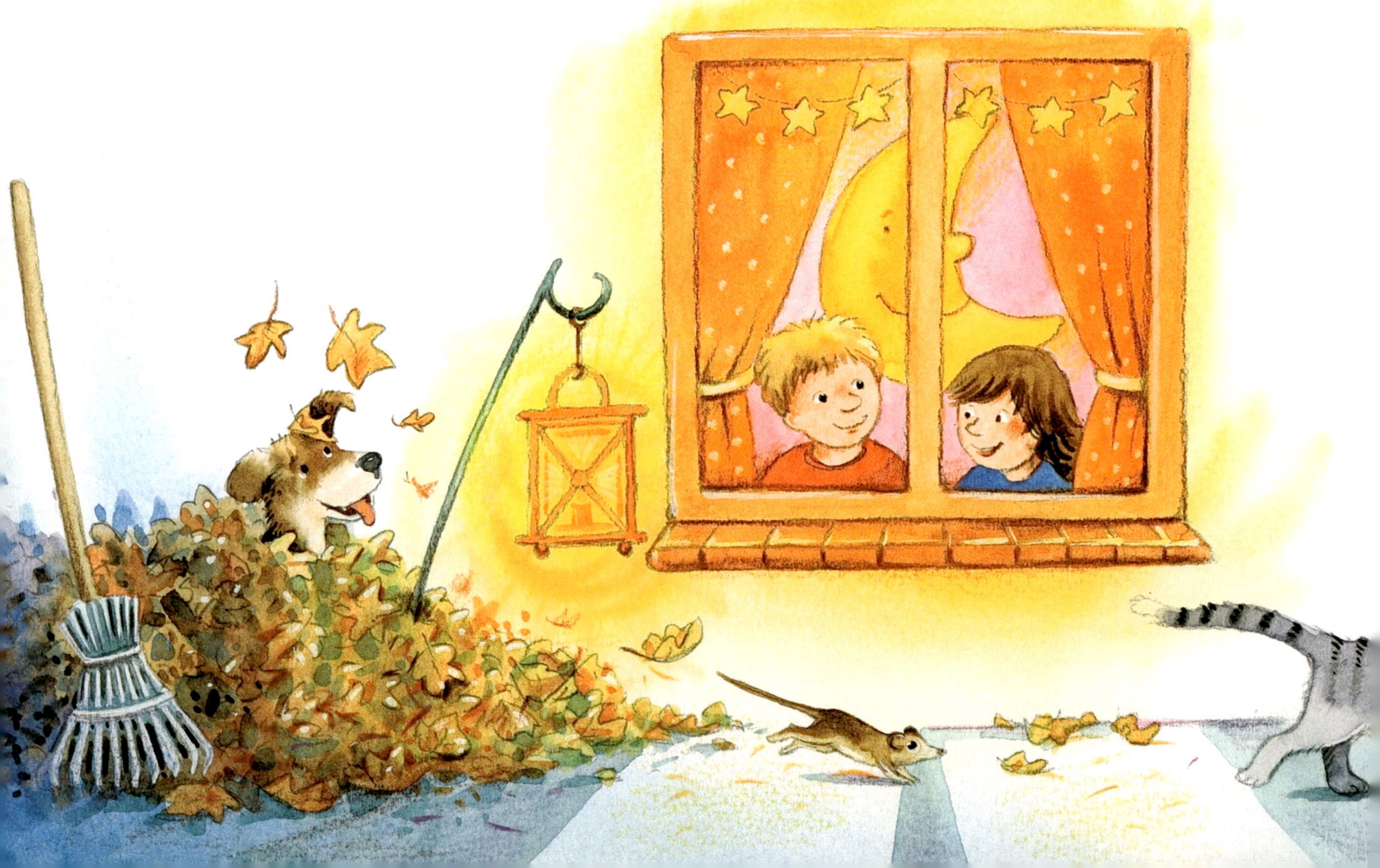

Rätselgedicht: Wer?

Wer ist dieser graue „Mann",
der ohne Sonne leben kann,
der mit den Regenwolken lacht,
den Sturmwind sich zum Freunde macht?
Wer?

Wer ist dieser wilde „Mann",
der wüten, schnauben, toben kann,
der Blätter von den Bäumen fegt,
bis alles sich zur Ruhe legt?
Wer?

Wer ist dieser feuchte „Mann"
der Nebeltage lieben kann,
der Wassertropfen nass und kühl
braucht für sein eigenes Wohlgefühl?
Wer?

Wer ist dieser dunkle „Mann",
der klopft schon früh um fünfe an,
der trägt ein schwarzes Nachtgewand,
malt Schatten an die Häuserwand?
Wer?

Wer ist dieser elfte „Mann",
den scheinbar niemand leiden kann?
Schau ins Kalenderblatt hinein,
wer kann dieser „Mann" wohl sein?

Regina Bestle-Körfer

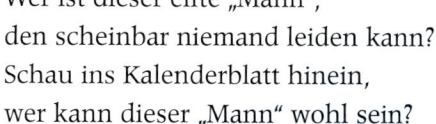

Lösung: Der seltsame, unbeliebte „Mann" in diesem Gedicht ist der Monat November.

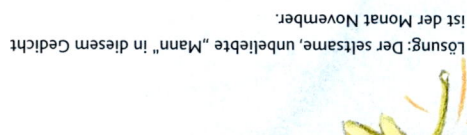

Die Natur beginnt zu schlafen

Wenn im Herbst die Sonne ihre Leuchtkraft verliert und wenn das Licht langsam schwindet, verändert sich die Natur. Bäume und Sträucher lassen ihre Blätter fallen, Grashalme knicken ein, alles begibt sich zur Ruhe. Auch die kleinen Igel suchen ein Blätterbett für die Winterruhe.

Gedicht vom Schlafengehen

Langsam wird es nass und kalt,
ein wilder Sturm jagt durch den Wald.
Die Bäume stehen kahl und leer,
sie tragen keine Blätter mehr.
Der Igel frisst sich noch mal satt,
dann ist er kugelrund und matt.
Er igelt sich ins Laub hinein
und schläft zufrieden müde ein.

Regina Bestle-Körfer

Blättermemory

IHR BRAUCHT:
mehrere große Herbstblätter, Papier, Stifte, Schere, Bastelkleber

So geht's: Sammelt viele bunte Herbstblätter und klebt an die Unterseite von zwei Blättern jeweils einen kleinen aufgemalten und ausgeschnittenen Igel. Nun müsst ihr alle Blätter mit der Oberseite auf dem Tisch verteilen und vermischen. Niemand weiß nun mehr, unter welchem Blatt die beiden Igel ihre Winterruhe halten. Jedes Kind kann nun immer zwei Blätter, wie beim Memory, umdrehen und die Igel auf der Blattunterseite suchen. Danach werden die Blätter wieder zurückgedreht. Wer zuerst beide Igel zusammen aufgedeckt hat, gewinnt das Blättermemory.

Was der Igel im Blätterbett träumt

Habt ihr Lust, wie ein Igel im Blätterbett zu träumen? Einer von euch ist der Igel und kniet sich auf eine weiche Decke, den Oberkörper nach vorne gebeugt. Die Hände werden übereinander gelegt und Stirn und Kopf ruhen auf den Händen – der kleine Igel schläft ein und träumt nun einen schönen Traum. Der Partner kniet daneben und massiert den Rücken des Igels wie unten beschrieben. Das solltet ihr beachten: Auf keinen Fall die Wirbelsäule in der Mitte des Rückens massieren! Immer nur die beiden Rückenseiten rechts und links neben der Wirbelsäule berühren!

So geht die Igeltraummassage:

1. Es ist dunkel und kalt geworden auf der Erde. Alles schläft, nur ein kleiner Stern ist vom Himmel auf die Erde gefallen, genau auf den Rücken des kleinen schlafenden Igels: *Einen Stern auf den Rücken malen.*

2. Das Sternchen hüpft vorsichtig über die vielen Igelstacheln: *Mit den Fingerkuppen den Rücken auf- und abtippen.*

3. Die Igelstacheln fühlen sich ja weich an! Das Sternchen streichelt über den Igelrücken: *Mit den Fingern über den Rücken streicheln.*

4. Das Sternchen tanzt ein Sternentänzchen auf dem Igelrücken: *Die Fingerspitzen hüpfen in Kreisbewegungen über den Rücken.*

5. Der Mond leuchtet vom Himmel auf den Igelrücken: *Einen großen Kreis auf den Rücken malen und weiterkreisen.*

6. Der Herbstwind rauscht durch die Bäume: *Mit den flachen Händen den Rücken ausstreichen.*

7. Viele Blätter fallen auf den Igel herab: *Abwechselnd die rechte und die linke flache Hand leicht auf den Rücken drücken.*

8. Das Sternchen und der Igel werden von den Blättern zugedeckt. Zusammen halten sie sich warm: *Beide Hände auf den Rücken legen. Die Hände auf dem Rücken ruhen lassen. Die Wärme der Hände spüren.*

Blätterraupenlaterne

So geht's: Sucht euch eine Farbe aus und streicht sie auf die Rückseite eines Herbstblattes (dort stehen die Blattrippen etwas vor). Das bestrichene Blatt drückt ihr auf das Laternenpapier und zieht es vorsichtig wieder ab. Den nächsten Blattabdruck legt ihr ein bisschen über den ersten, so lange, bis eure Raupe lang genug ist. Auf den ersten Blätterabdruck malt ihr der Raupe ein Gesicht. Mit einer Prickelnadel werden in den Kopf der Raupe zwei Löcher gebohrt und ein Pfeifenputzer als Fühler hindurchgezogen. Nachdem die Farbe trocken ist, klebt ihr die Raupe auf dem Papierzuschnitt am Laternenboden und –deckel fest. Aus den Tonpapierresten schneidet ihr einen Apfel oder eine Birne aus. Damit das Obst so aussieht, als hätte es die Raupe angeknabbert, reißt ihr ein kleines Stück vom Apfel oder von der Birne wieder ab. Mit Draht wird das angeknabberte Obst am Aufhängebügel der Laterne befestigt.

Laterne, Laterne

Text und Melodie: volkstümlich

La - ter - ne, La - ter - ne, Son - ne, Mond und

Ster - ne! Bren - ne auf, mein Licht, bren - ne

auf, mein Licht, a - ber nur mei - ne lie - be La - ter - ne nicht!

2. Laterne, Laterne …
   Sperrt ihn ein, den Wind, sperrt ihn ein den Wind,
   er soll warten, bis wir zu Hause sind.

3. Laterne, Laterne…
   Bleibe hell, mein Licht, bleibe hell, mein Licht,
   sonst strahlt meine Blätterraupe nicht.

GEISTERSTUNDE

Nebeltage

Im November gibt es viele Nebeltage. Daher wurde der November früher auch „Nebeling" oder „Nebelmond" genannt. Nebel kommt zwischen Herbst und Winter häufig vor. Das liegt daran, dass die Sonne nicht mehr stark genug ist, um die Luft zu erwärmen. Nur warme Luft kann Feuchtigkeit aufnehmen und hoch zum Himmel ziehen. Deswegen könnt ihr im Herbst häufig Nebelwolken erleben, die am Boden hängen bleiben und über der Erde schweben. Im Nebel sieht alles gespenstisch aus. Aber manchmal macht ein wenig Gruseln ja auch Spaß.

Nebelforscher

Möchtet ihr wissen, woraus Nebel besteht? Das könnt ihr herausfinden, wenn ihr das nächste Mal duscht. Denn mit einer warmen Dusche könnt ihr selber Nebel machen. Und wenn ihr etwas länger duscht, werdet ihr beobachten, wie sich euer Badezimmer in selbst gemachten Nebel hüllt. Die Sicht ist auf einmal nicht mehr klar, und im Spiegel könnt ihr euch auch nicht mehr sehen. Nun wisst ihr gleich, woraus Nebel besteht: Reibt einfach mit den Fingern über den beschlagenen Spiegel, denn daran klebt der Nebel. Wenn ihr eure Finger anschaut, werdet ihr sehen, dass sie feucht oder sogar nass sind.
Nun kennt ihr die Antwort: Nebel besteht, wie eine Wolke am Himmel, aus vielen kleinen Wassertröpfchen.

Mutmachspruch im Nebel

HUHU, ihr grauen Nebelgeister!
Das will ICH euch nun sagen:
Ihr könnt MIR keine Angst einjagen!
ICH packe euch am Wabbelkopf
und steck euch in den Suppentopf!
Umgerührt mit Mehl und Kleister
Vermatsch ICH alle Gruselgeister!
Da hilft kein Stöhnen, kein Geschrei.
ICH lass euch heute nicht mehr frei!

Regina Bestle-Körfer

Geistertanz

Schreckliche Geister lassen sich besonders gut mit Knoblauch vertreiben. Bei diesem Geistertanz werden nach und nach alle Geister von der Tanzfläche verjagt.

So geht's: Abwechselnd steht immer ein Kind an der Musikanlage und stellt die Musik an und plötzlich wieder aus. Die tanzenden Geister stehen im Kreis auf der Tanzfläche und geben beim Tanzen zur Musik eine Knoblauchknolle von Hand zu Hand weiter. Wenn die Musik plötzlich aussetzt, muss der Geist mit dem Knoblauch in der Hand von der Tanzfläche verschwinden, d.h. er scheidet aus. (Wichtig: Beim Ausstellen der Musik mit dem Rücken zur Tanzfläche stehen!) Tanzregel für alle Geister: Wer den Knoblauch einfach fallen lässt oder nicht annimmt, muss auch ausscheiden. Wer zum Schluss übrig bleibt, hat den Geistertanz gewonnen.

IHR BRAUCHT:
Eine Musikanlage mit Musik, Platz zum Tanzen, eine Knoblauchknolle

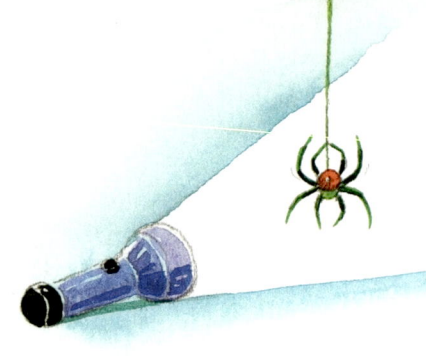

Ein gruseliger Samstag

„Was ist das für eine Suppe da draußen?", ruft Florian entsetzt, als er die Rollläden an seinem Kinderzimmerfenster nach oben zieht. Es ist ein Samstagmorgen im trüben Monat November. Seit Tagen hat es nur geregnet. Florian ist ganz kribbelig vom drinnen Spielen. Er will endlich wieder mit seinem Freund Tom im Garten kicken. Aber heute kann er noch nicht mal bis zur Schaukel sehen. Der Garten im Nebel sieht gespenstisch aus, so grau und feucht und dunkel … und die kahlen Äste an den Bäumen im Garten sehen aus wie …
„Gespensterarme", ruft Florian.

„Wo sind Gespenster?", fragt Lena neugierig, als sie im Schlafanzug in Florians Zimmer kommt. Lena ist Florians kleine Schwester. Lena ist zwar jünger und geht erst in den Kindergarten, aber die Ideen von ihrem großen Bruder findet Lena immer spannend.

„Da im Garten sind Nebelgespenster", sagt Florian geheimnisvoll. „Siehst du diesen knorrigen Arm da vorne im Nebel?"

„Igitt!", kreischt Lena und schüttelt sich, „ein Gespensterarm, aber wo ist der Kopf?"

„Irgendwo in der Nebelsuppe", flüstert Florian und fällt mit ausgebreiteten Armen über Lena her.

Da hören sie, wie Mama mit Papa spricht: „Auf dem Speicher spukt es wieder, ich geh da nicht mehr hoch. Heute Nacht war da wieder dieses Kratzgeräusch. Gut, dass die Kinder nicht wach geworden sind."

Papa lacht: „Das war bestimmt unser alter Hausgeist. Ob wir den wieder loswerden?" Lena kann nicht glauben, was Papa gesagt hat.

„Wir haben einen Hausgeist auf dem Speicher?", beginnt Lena aufgeregt zu schreien.

Florian hält Lena den Mund zu: „Sei still, Lena! Wir gehen da nachher hoch, wenn Mama und Papa einkaufen sind."

„GGGeisterjagd?", stottert Lena entsetzt. Ein eiskalter Schauer läuft ihr über den Rücken.

„Komm, wir rufen Tom und Paula an", schlägt Florian vor, „zusammen macht Geisterjagd doch viel mehr Spaß!"

Als die Eltern endlich aus dem Haus sind, machen sich die vier Freunde Florian, Tom, Lena und Paula auf den Weg ins Obergeschoss. Gekonnt öffnet Florian mit dem Stab die Speicherluke, so wie Papa es immer macht, und zieht die Ziehleiter herunter. Sie quietscht fürchterlich und ein muffiger, feuchter Geruch kommt ihnen aus dem dunklen Speicher entgegen.

Lena hat ein mulmiges Gefühl: „Dürfen wir das überhaupt?", fragt sie ängstlich.
„Papa wird froh sein, wenn wir das mit dem Hausgeist übernehmen", sagt Florian. „Tom, gibst du mir mal meine Taschenlampe, die Glühbirne ist kaputt."
Tom klettert hinter Florian die knarrenden Holzstiegen hinauf. Sie verschwinden in der Dachluke. Dann steigen Paula und Lena hinterher. Auf dem Speicher ist es stockfinster. Es gibt kein Fenster. Florian leuchtet mit seiner Taschenlampe in alle Ecken. Überall alte Kisten und Kartons gestapelt. Unter der Dachschräge steht ein verstaubter Koffer mit verrosteten Scharnieren. Spinnweben hängen von der Decke und es ist ziemlich kalt.
„Wo schläft euer Hausgeist denn?", flüstert Paula neugierig, die ein Buch von einem kleinen Gespenst hat, das immer in einer alten Truhe schläft.
„Los, den Knoblauch in die Hand nehmen!", sagt Florian streng und reicht allen eine dicke Knoblauchzehe aus seiner Hosentasche. „ Knoblauch schützt vor Geistern und Gespenstern."
„Habt ihr etwa Angst?", fragt Tom leise. In diesem Moment stolpert er über ein Kabel, stößt gegen einen Kartonstapel, und mit einem „rums" stürzt der oberste Karton kopfüber zu Boden. Erschrocken greift Paula nach Lenas Hand. Florian leuchtet mit der Taschenlampe zu Boden. Etwas Weißes ist aus dem Karton gerutscht. Etwas Weißes mit roten Augen.
„Ich fass es nicht, ein kleines Gespenst", ruft Florian erstaunt. Paula hält sich die Augen zu. Tom stöhnt leise, er hat sich sein Knie auf dem harten Boden aufgeschlagen. Aus dem Loch in der Hose tropft ein wenig Blut.
„Es ist bestimmt tot, Hals gebrochen oder so", schreit Lena entsetzt. In großer Sorge um das kleine Familiengespenst vergisst Lena ihre Angst und kniet sich auf den Boden. Florian leuchtet sehr nah mit der Taschenlampe an das weiße unbekannte Wesen heran. Die roten Augen starren die Kinder im Schein der Taschenlampe an.
Paula schreit: „Lena, neiiiin!!", doch da hat Lena das weiße Gespenst schon vom Boden aufgehoben. Sie hält es an einer Drahtschlaufe über dem Gespensterkopf hoch in die Luft … und da müssen plötzlich alle laut lachen. Der Spuk ist vorüber. Das kleine Gespenst ist eine Martinslaterne. Die hatte Florian mal im Kindergarten gebastelt. Aber das ist lange her. Er hatte seine Gespensterlaterne schon beinahe vergessen. Florian leuchtet in den offenen Karton hinein. Da entdecken sie noch eine Froschlaterne, eine Gänselaterne und eine verknitterte Mondlaterne.
„Psssst", zischt Tom plötzlich aufgeregt. „Habt ihr das Rascheln da im Koffer nicht gehört?"
„Glaubst du immer noch an diesen Hausgeist", fragt Florian beinahe enttäuscht. Das verrostete Scharnier am Koffer beginnt zu knacken. Jetzt wird

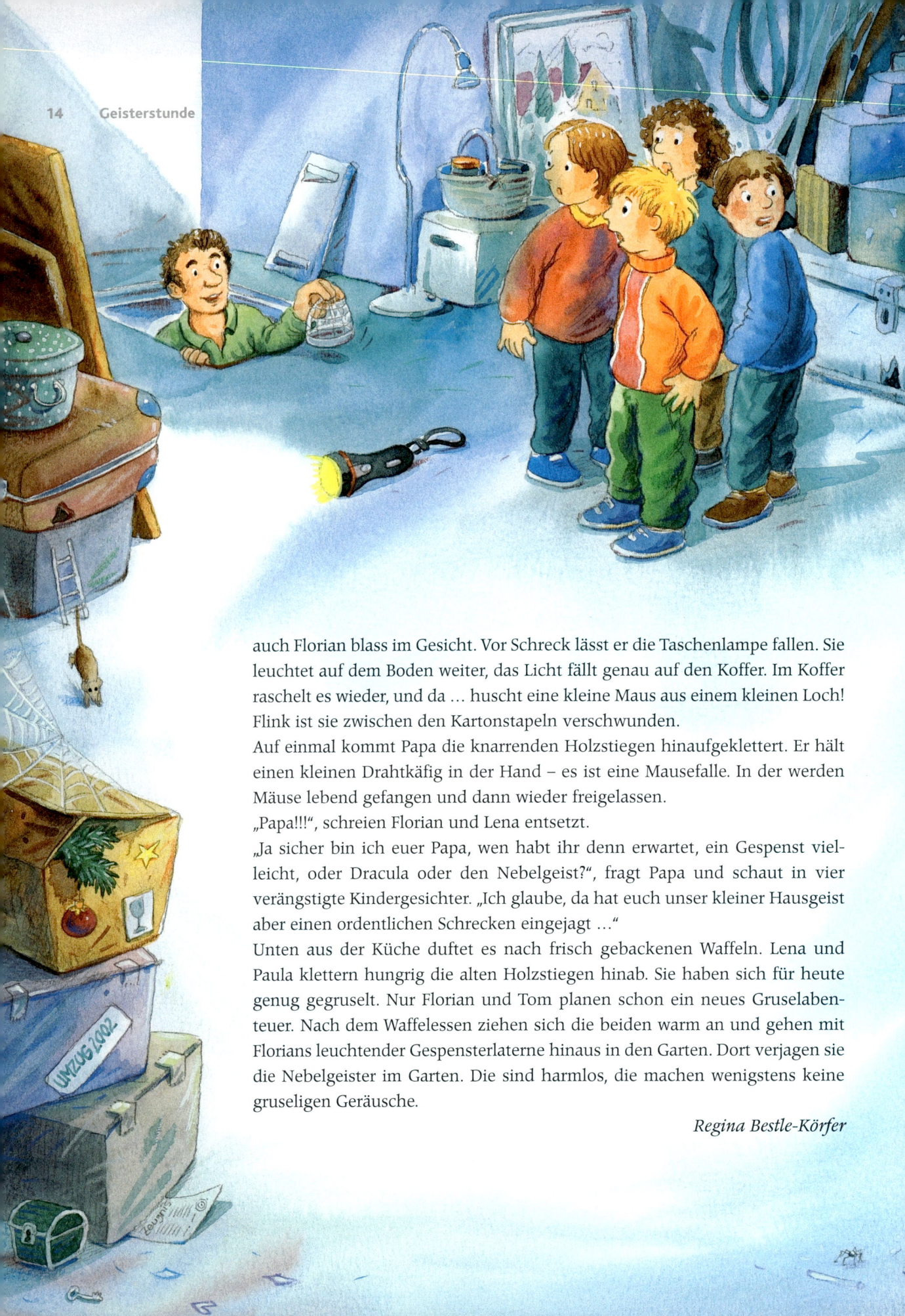

auch Florian blass im Gesicht. Vor Schreck lässt er die Taschenlampe fallen. Sie leuchtet auf dem Boden weiter, das Licht fällt genau auf den Koffer. Im Koffer raschelt es wieder, und da … huscht eine kleine Maus aus einem kleinen Loch! Flink ist sie zwischen den Kartonstapeln verschwunden.

Auf einmal kommt Papa die knarrenden Holzstiegen hinaufgeklettert. Er hält einen kleinen Drahtkäfig in der Hand – es ist eine Mausefalle. In der werden Mäuse lebend gefangen und dann wieder freigelassen.

„Papa!!!", schreien Florian und Lena entsetzt.

„Ja sicher bin ich euer Papa, wen habt ihr denn erwartet, ein Gespenst vielleicht, oder Dracula oder den Nebelgeist?", fragt Papa und schaut in vier verängstigte Kindergesichter. „Ich glaube, da hat euch unser kleiner Hausgeist aber einen ordentlichen Schrecken eingejagt …"

Unten aus der Küche duftet es nach frisch gebackenen Waffeln. Lena und Paula klettern hungrig die alten Holzstiegen hinab. Sie haben sich für heute genug gegruselt. Nur Florian und Tom planen schon ein neues Gruselabenteuer. Nach dem Waffelessen ziehen sich die beiden warm an und gehen mit Florians leuchtender Gespensterlaterne hinaus in den Garten. Dort verjagen sie die Nebelgeister im Garten. Die sind harmlos, die machen wenigstens keine gruseligen Geräusche.

Regina Bestle-Körfer

Gespensterlaterne

So geht's: Legt die Styroporkugel in die Mitte des Hasendrahtes und biegt ihn über die Kugel. So entsteht die Kopfform des Gespenstes. Anschließend die Kugel wieder vorsichtig herausnehmen. Den Rest des Drahtes biegt ihr zu einem wehenden Gespenstergewand. Reißt das Seiden- oder Transparentpapier in Stücke und klebt es in 1 – 2 Lagen mit Kleister auf den Hasendraht. Alles gut trocknen lassen! Aus dem weißen Fotokarton werden zwei Arme mit Händen ausgeschnitten. Knickt die Arme oben etwas um und klebt sie am Gespensterkörper fest. Malt dem Gespenst ein Gesicht. Schneidet mit einem Cutter eine kleine Öffnung in den Gespensterkopf. (Tipp: Lasst euch von einem Erwachsenen helfen!) Am Rand der Öffnung wird ein Draht befestigt - an dem könnt ihr euren Laternenstab einhängen. Aus der Silberfolie schneidet schmale Streifen und klebt sie ringförmig zu einer Kette ineinander. Am Ende der Kette könnt ihr einen kleinen alten Schlüssel befestigen oder euch aus Draht selbst einen zurechtbiegen. Die Kette mit dem Schlüssel wickelt ihr um das Gespenst herum und befestigt sie mit etwas Kleber.

IHR BRAUCHT:
feinmaschigen Hasendraht (quadratisch zugeschnitten), eine Styroporkugel, weißes Seiden- oder Transparentpapier, Kleister, weißen Fotokarton, Bastelkleber, Draht, Silberfolie, evtl. einen kleinen alten Schlüssel

Sonne, Mond und Sterne

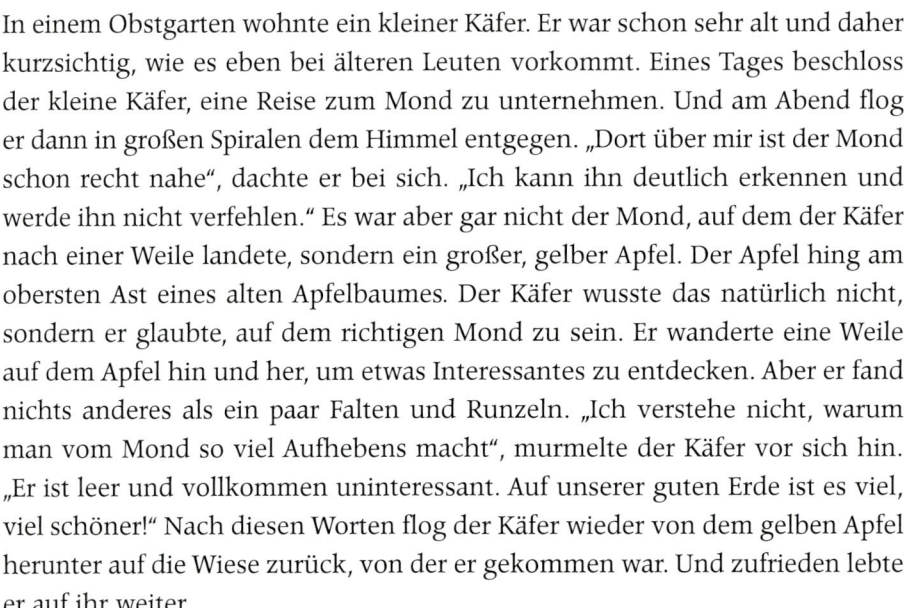

Rätsel

Kennst du den Bruder der Nacht,
der vom Himmel die Erde bewacht?
Mal zeigt er seinen runden Bauch,
mal verschwindet er vom Himmel auch.
Kehrt schmal geworden bald zurück,
die Menschen freut es, welch ein Glück!
Dass er sich schmückt mit fremdem Licht,
das stört uns auf der Erde nicht.
So schön und silbern lacht nur er –
nun sage mir, wer ist er, wer?

Der Mond

Regina Bestle-Körfer

Die Reise zum Mond

In einem Obstgarten wohnte ein kleiner Käfer. Er war schon sehr alt und daher kurzsichtig, wie es eben bei älteren Leuten vorkommt. Eines Tages beschloss der kleine Käfer, eine Reise zum Mond zu unternehmen. Und am Abend flog er dann in großen Spiralen dem Himmel entgegen. „Dort über mir ist der Mond schon recht nahe", dachte er bei sich. „Ich kann ihn deutlich erkennen und werde ihn nicht verfehlen." Es war aber gar nicht der Mond, auf dem der Käfer nach einer Weile landete, sondern ein großer, gelber Apfel. Der Apfel hing am obersten Ast eines alten Apfelbaumes. Der Käfer wusste das natürlich nicht, sondern er glaubte, auf dem richtigen Mond zu sein. Er wanderte eine Weile auf dem Apfel hin und her, um etwas Interessantes zu entdecken. Aber er fand nichts anderes als ein paar Falten und Runzeln. „Ich verstehe nicht, warum man vom Mond so viel Aufhebens macht", murmelte der Käfer vor sich hin. „Er ist leer und vollkommen uninteressant. Auf unserer guten Erde ist es viel, viel schöner!" Nach diesen Worten flog der Käfer wieder von dem gelben Apfel herunter auf die Wiese zurück, von der er gekommen war. Und zufrieden lebte er auf ihr weiter.

Karl-Heinz Weise

Abends, wenn es dunkel wird

Text: Heinrich Seidel
Melodie: Walter Twellmann

1. A - bends, wenn es dun-kel wird, und die Fle-der-
maus schon schwirrt, ziehn wir mit La - ter-nen aus
in den Gar-ten hin-term Haus. Und im Auf-und Nie-der-
wal - len las-sen wir das Lied er - schal-len: La -
ter - ne, La - ter - ne, Son - ne, Mond und Ster - ne!

2. Plötzlich aus dem Wolkentor
kommt der gute Mond hervor,
wandelt seine Himmelsbahn
wie ein Hauptlaternenmann.
Leuchtet bei dem Sterngefunkel
lieblich aus dem blauen Dunkel.
Laterne, Laterne …

3. Ei, nun gehen wir nach Haus,
blasen die Laternen aus,
lassen Mond und Sternelein
leuchten in der Nacht allein,
bis die Sonne wird erwachen,
alle Lampen auszumachen.
Laterne, Laterne …

Von der Fidula-CD 4427 „Martins- und Laternenlieder"
© Fidula-Verlag, Boppard/Rhein

Das Märchen von der Mondschaukel

Es war einmal vor langer Zeit,
die Sterne strahlten weit und breit,
da hat der Mond am Himmelszelt
hinabgeblickt zur Erdenwelt.

Er wollte nicht mehr oben sein,
zur Erde reisen wäre fein …
Und genau zur Mitternacht
hat er sich auf den Weg gemacht.

Schnell hinab die Himmelsleiter
immer tiefer, immer weiter …
Eilig und in großer Hast
hat er kurz nicht aufgepasst:

Stürzte, plumps, so wie ein Stein
mitten in den Teich hinein …
Da lag er stumm und starr vor Schreck,
den Mondbauch voller Schlamm und Dreck.

Sein Platz am Himmel war nun leer,
die Sterne sahen ihn nicht mehr.
Im Teich, da lag der Silbermond,
sein Anblick war sehr ungewohnt.

Die Ente wunderte sich sehr:
„Wie kommt der Mond im Teich hierher?"
Doch die Ente war nicht dumm,
hüpfte auf dem Mond herum …

Die Mondsichel schwang hin und her,
die Wellen stiegen immer mehr …
Mit Rirarutsch und Sturmgebraus
sausten sie hoch zum Himmelshaus!

Das hat die Ente gut gemacht,
schau, wie der Mond vom Himmel lacht!
Nun ist auch dieses Märchen aus,
der Mond verließ nie mehr sein Haus.

Und wenn sie nicht gestorben sind,
den Satz kennt wirklich jedes Kind,
dann schaukeln sie im Abendwind
dorthin, wo deine Täume sind.

Regina Bestle-Körfer

Linnea will den Mond sehen

Es ist der 10. November. Morgen Abend,
wenn es dunkel ist, findet der Laternenumzug
statt. Die Klasse 1 von Frau Liebling hat Mondlaternen gebastelt. Linnea findet ihre Laterne besonders schön weil ihr Mond so breit lacht, als hätte er gerade eine Taschenlampe verschluckt. Sie trägt ihre Laterne vorsichtig wie ein rohes Ei nach Hause. Sie darf nicht kaputt gehen, niemals. „Du dummer Wind sollst endlich verschwinden!", schimpft Linnea mit der Windböe. Linnea findet, dass alle Leute sie heute auf dem Nachhauseweg besonders anschauen. So als hätte sie Geburtstag oder als wäre sie über Nacht ein Star geworden. Und weil sie den genauen Grund nicht kennt, lächelt sie einfach mit ihrer Mondlaterne um die Wette. Und alle lächeln zurück, sogar der Briefträger, der sonst immer so unfreundlich ist.

„Oh, was für ein hübscher Mond das geworden ist!", staunt Mama. Sie betrachtet und befühlt ihn von allen Seiten und meint: „Das war bestimmt eine Menge Arbeit für Frau Liebling."

Linneas Gesicht verfinstert sich: „Nein, das war ich, ich habe den Mond gebastelt und er leuchtet nur für mich."

„Den hast du ganz alleine gebastelt?", fragt Mama.

Und da erzählt Linnea, wie es in der Schule in den letzten Kunststunden war: „Eine Mondlaterne wäre schön für das Martinsfest, hat Frau Liebling vorgeschlagen. Alle Kinder waren einverstanden. Da hat jedes Kind einen aufgeblasenen Luftballon bekommen. Wir haben Kleister angerührt und viele gelbe Transparentpapierschnipsel geschnitten. Dann ging es los. Der Kleister hat sich so schön angefühlt an den Händen, besonders wenn ich das Papier über den Ballon gerieben habe", erzählt Linnea, ohne Luft zu holen.

„Wie viele Schichten gelbes Papier sind auf deinem Mond?", fragt Mama. Sie ist sehr neugierig und will genau wissen, wie das war mit Linneas erster Laterne ohne Mama. Sonst haben sie immer im Kindergarten zusammen eine gebastelt. Das war auch schön, aber nun ist Linnea groß. Sie geht in die 1. Klasse der Grundschule, da kann sie so was schon alleine.

„Es sind genau drei Schichten Gelb drauf und zwischendurch musste der Ballon trocknen, da wurde er immer ein bisschen härter", erzählt Linnea begeistert. „Nur der Sebastian, der hat sich den Kleister aus Versehen in die Haare geschmiert, weil es ihm am Kopf gejuckt hat. Das sah sehr lustig aus. Sebastian mit Igelstacheln auf dem Kopf. Alle haben gelacht. Aber der Sebastian fand seine Igelhaare nicht so toll, da hat er angefangen zu weinen. Und Frau

Liebling hat überhaupt nicht mit Sebastian geschimpft, sie ist sehr lieb. Sie hat nur gesagt, dass wir in die Schule gehen um zu lernen, und jedem darf so etwas passieren. Dann hat sie dem Sebastian die Haare über dem Becken gewaschen. Da war er den Kleister los. Nur der Marvin hat weitergeärgert und Sebastian zweimal ‚Igelkopf' genannt. Das war gemein", ereifert sich Linnea. „Geh mal deine Hände waschen, wir essen jetzt Mittag", unterbricht Mama Linnea, weil sie nicht mehr aufhört zu erzählen.

„Und heute Morgen in der Schule war es ganz besonders schön. Als wir in die Klasse kamen, es war noch dunkel draußen und kein Licht im Klassenraum an, da hingen alle Monde unter der Decke an einer Lichterkette. Das war ein bisschen kribbelig, fast wie Weihnachten, finde ich. Und dann haben wir noch mal alle Martinslieder gesungen." Linnea schaufelt einen Löffel Kartoffelbrei mit Soße auf ihren Teller und findet beinahe keine Zeit zum Essen. Der Laternenumzug geht ihr nicht aus dem Kopf. „Hoffentlich gibt es morgen Abend keinen Wind und Regen", sagt Linnea.

„Ich glaube, es ist trockenes, aber kaltes Wetter angesagt", versucht Mama Linnea zu beruhigen, „du solltest dich aber auf jeden Fall warm anziehen!"

„Super, dann ziehe ich meine neue Felljacke an", schwärmt Linnea. In der fühlt sie sich besonders hübsch angezogen, so richtig festlich für St. Martin.

Am Abend stellt Linnea ihre Mondlaterne am Laternenstock direkt neben ihr Bett. Ihr Mond leuchtet und lacht über das ganze Gesicht. Da kommt Linnea eine Idee: Sie läuft zum Fenster und will den Mond sehen. Sie möchte wissen, wer besser leuchten kann: der Mond am Himmel oder ihr selbst gebastelter Mond? Sie schaut zum Himmel. Eine dicke Wolke verhängt den Sternenhimmel. Linnea wartet ein Weilchen, und als die dicke dunkle Wolke weitergezogen ist, ist es am Himmel plötzlich sternenklar. Aber Linnea kann den Mond einfach nicht finden. Sie läuft auf die andere Seite zum Elternschlafzimmerfenster. Auch hier ist der Mond nicht zu sehen. Dann steigt Linnea auf den Dachboden und schaut aus dem Dachfenster. Von hier hat sie einen Rundumblick. Aber der Mond scheint vom Himmel verschluckt zu sein.

Weinend läuft Linnea ins Wohnzimmer hinunter und ruft verzweifelt: „Es gibt keinen Mond mehr, er ist weg, einfach nirgends mehr zu sehen." Papa und Mama sitzen zusammen mit Linneas großem Bruder Lukas auf der Couch und schauen Fernsehen.

Da führt Lukas seine kleine Schwester an der Hand zum Kalender in der Küche. Er zeigt Linnea, dass in der Spalte vom 10. November ein kleiner, runder, schwarzer Kreis gezeichnet ist. „Das bedeutet, wir haben Neumond heute. Dann ist der Mond niemals am Himmel zu sehen", erklärt Lukas.

„Kommt er denn bald wieder?", will Linnea wissen.

„Vielleicht morgen schon, aber nur wenn du morgen am Martinszug ganz laut singst, damit der Mond es auch hören kann", versucht Lukas seine Schwester ein wenig zu foppen.

„Versprochen, großes Indianerehrenwort", sagt Linnea. Sie gibt Mama, Papa und Lukas einen Gutenachtkuss und geht beruhigt schlafen.

So hat Linnea den Martinsabend erlebt:

Es wurde ein besonders schöner Laternenumzug. Kein Wind, kein Regen, nur eiskalt, wie Mama es gesagt hatte. Linnea trug ihre Lieblingsfelljacke und Stiefel und Handschuhe. Die Monde der Klasse 1 strahlten so hell und lustig, dass die Klasse von Frau Liebling in diesem Jahr den 1. Preis im Laternenwettbewerb der Schule gewann. Und alle Kinder haben so schön laut gesungen, dass der St. Martin ihnen freundlich zugewinkt hat. Aber das Beste war: Die Sterne leuchteten vom Nachthimmel zu ihnen hinunter und der Mond war zum Glück auch wieder da. Er war zwar nur sehr dünn. Und so schön strahlen wie die Monde der Klasse 1 konnte er wirklich nicht.

„Aber das macht ja nichts", tröstete Linnea den Mond, „das kann jedem mal passieren."

Regina Bestle-Körfer

Li-La-Laternenlicht

Text und Melodie: Bernd Kohlhepp

Leu-te löscht die Lich-ter aus, kommt aus eu-ren Häu-sern raus.

Las-set uns-re Lich-ter schei-nen, auf den Stra-ßen, auf den Stei-nen.

Li - La - La-ter-nen-licht, die Son-ne scheint heut A-bend nicht,

weil sie wie am Tag, ja nachts nicht schi-scha-schei-nen mag.

2. Straßenlampen an den Wegen, ihr seid heut ganz ungelegen.
   Nur der Mond scheint mit den Sternen und mit unsren Leuchtlaternen.
   Li-La…

3. Wer uns leuchten sehen kann, schließe sich gleich hinten an.
   Unser Zug soll sich verlängern mit lauter Leuchtlaternensängern.
   Li-La…

Der Nachthimmel

Früher, als es noch keinen Weltraumflug gab, haben sich die Menschen Gedanken gemacht, was sich wohl hinter dem Mond und den Sternen verbergen mag? Man glaubte, dass die Sterne silberne Nägel sind, die den Himmel zusammenhalten, damit er nicht auf die Erde fällt. Und weil man früher abends im Dunkeln gerne zum Himmel schaute, wurden viele spannende Himmelsgeschichten erfunden und zur Unterhaltung erzählt: Geschichten vom „Mann im Mond" und von den Sternbildern am Himmel: Das Sternbild vom „Großen Wagen", das auch „Großer Bär" genannt wird, habt ihr vielleicht schon am Nachthimmel gesehen?

Sternenleuchtband

IHR BRAUCHT:
Einen Organzaschlauch in Gelb, Lichterkette mit zwanzig Lichtern, gelbes Band, gelben Fotokarton, gelbes und oranges Transparentpapier, Kleber, Tesafilm

So geht's: Steckt die Lichterkette in den Organzaschlauch und bindet beide Enden mit einem schönen gelben Band zu. Schneidet aus dem gelben Fotokarton verschieden große Sterne aus. Mit einer spitzen Schere muss auch das Innere der Sterne ausgeschnitten werden, so dass nur ein schmaler Rand stehen bleibt. Hinter die Öffnung wird gelbes oder oranges Transparentpapier geklebt. Die fertigen Sterne werden mit Tesafilmröllchen auf dem Organzaschlauch befestigt.

Sternenforscher

Heute weiß man viel mehr über Sonne, Mond und Sterne. Die Sternenforscher, man nennt sie Astronomen, haben herausgefunden, dass von den vielen leuchtenden Sternen am Nachthimmel nicht alles Sterne sind. 9 davon sind die Planeten unseres Sonnensystems: Der größte ist Jupiter, dann kommen Saturn, Uranus, Neptun, Venus, Mars, Erde, Merkur und der Kleinste ist Pluto - doch der wird neuerdings als Zwergplanet bezeichnet. Planeten leuchten nicht selber. Sie strahlen durch das Licht der Sonne. Die meisten Sterne jedoch sind sehr, sehr weit entfernte Sonnen. Und weil sie so weit weg sind von der Erde, sehen sie aus wie kleine Punkte am Nachthimmel.

Riesensonnenlaterne

So geht's: Blast den Riesenluftballon mit einer Ballonpumpe auf und beklebt ihn vollständig mit 3 – 4 Lagen aus gelben Transparentpapierschnipseln. Der Riesenballon muss ungefähr zwei Tage trocknen, ehe ihr weiterarbeiten könnt! Schneidet dann oben eine Kappe vom Ballon ab und zieht den Luftballon heraus. Aus gelbem Fotokarton braucht ihr nun viele Strahlen: schneidet dazu das Papier in ca. 3 cm breite Streifen oder schneidet spitze Dreiecke aus. Zeichnet rund um den Ballon eine Linie. Dort werden in den Ballon mit einem Cutter Schlitze geschnitten. (Tipp: Bittet einen Erwachsenen um Hilfe!) Bestreicht die Sonnenstrahlen an einem Ende mit Kleber und schiebt sie in die Schlitze hinein. Eure Sonne hat einen Strahlenkranz bekommen! Lasst auch die Strahlen gut antrocknen. Zum Schluss befestigt ihr einen stabilen Draht an der Öffnung der Laterne und steckt eine Lichterkette hinein.

IHR BRAUCHT:
einen Riesenluftballon, Ballonpumpe, Kleister, gelbes Transparentpapier, gelben Fotokarton, Bastelkleber, eine Lichterkette mit 50 Lichtern, stabilen Draht, Cutter

SANKT MARTIN KOMMT AUF SEINEM PFERD

Martin teilt seinen Mantel

WUSSTET IHR SCHON …

Martin wurde vor langer Zeit, um das Jahr 316 n. Chr., geboren. Er war wie sein Vater Offizier der römischen Armee. Als er Christ wurde, verließ Martin die Armee und lebte als Mönch. Wegen seiner Wundertaten wurde er bekannt und Bischof von Tours, einer Stadt in Frankreich. Das Wort „Bischof" kommt aus dem Griechischen und bedeutet Vorsteher. Bischof ist ein besonderes kirchliches Amt. Wer zum Bischof gewählt wird, bekommt Mitra, Stab, Ring und Kreuz als Erkennungszeichen. Seit Martin von Tours ein Heiliger ist, ist Martin ein christlicher Vorname. Am 11. November feiern wir seinen Namenstag.

Es ist ein grauer Novembertag. Der Herbstwind bläst dunkle Wolken über den Himmel und es fängt an zu regnen. Die Soldaten haben eine lange Reise hinter sich. Bevor es dunkel wird, wollen sie unbedingt eine Herberge in der nächsten Stadt finden. Sie treiben ihre Pferde noch einmal an. Nur Martin, einer der Soldaten, gönnt seinem Pferd eine kurze Verschnaufpause. Während er langsam weiterreitet, sind seine Weggefährten schon eilig im Regengrau verschwunden.

Es ist noch kälter geworden. Der Regen geht in ein wildes Schneegestöber über. Die Schneeflocken tanzen so dicht, dass Martin kaum noch die Hand vor den Augen sehen kann. Martin friert. Fest zieht er seinen warmen Mantel um die Schultern. Spät am Abend erreicht er das Stadttor. „Endlich!", sagt Martin erleichtert. Doch was ist das? Wer sitzt denn bei diesem Wetter hier draußen? Martin steigt vom Pferd. Vor ihm hockt ein armer Mann auf dem kalten Boden. Sein Hemd ist zerrissen, seine Hose hat Löcher. Er hat keine Schuhe an. Der Mann zittert am ganzen Körper. „Kann ich dir helfen?", fragt Martin. Ohne lange zu überlegen, nimmt er seinen Mantel von der Schulter und schneidet ihn mit seinem Schwert in zwei Teile. Eine Hälfte schenkt Martin dem armen Mann. „Hier", sagt er leise, „er hält ein bisschen die Kälte ab." Vorsichtig legt er ihm das Mantelstück um die Schultern, steigt auf sein Pferd und reitet weiter. Seine Weggefährten findet er in einem Wirtshaus. Dort sitzen sie zusammen und singen und trinken.

Johann zeigt mit dem Finger auf Martin und lacht: „Bist du auch schon da? Was hast du denn mit deinem Mantel angestellt?" Die andern lachen mit und machen Witze über Martin.

Nur Raffael wird ganz still. Er schaut Martin an und fragt ihn leise: „Hast du bei dieser Kälte deinen Mantel mit dem armen Mann geteilt?"

Martin nickt und antwortet: „Ich musste ihm doch etwas gegen die Kälte geben. Er wäre sonst erfroren."

Annemarie Stollenwerk
(nach einer alten Martinslegende)

Martinsmantel

So geht's: Schneidet das Bettlaken in der Mitte durch. An der Schnittstelle müssen nun einige Druckknöpfe zum Teilen befestigt werden. Tipp: Ein Erwachsener kann helfen, die Druckknöpfe anzunähen! Nun breitet ihr die beiden Stoffstücke auf der Malunterlage aus. Bemalt oder bedruckt den Stoff mit Mustern, Linien, Kreisen etc. Die Ränder könnt ihr mit der goldenen Farbe gestalten. Lasst den Mantel über Nacht an einem warmen Platz trocknen. Dann könnt ihr die Geschichte von Martin und dem Bettler nachspielen.

IHR BRAUCHT:
ein weißes Bettlaken, Schere, Finger- oder Malfarbe in verschiedenen Farben, ein wenig goldene Farbe, Korken, Pinsel, Malunterlage

Martinshörnchen backen

Bei selbst gebackenen Martinshörnchen und einer Tasse warmem Kakao könnt ihr nach dem Martinsumzug noch mit eurer Familie oder euren Freunden zusammensitzen und den Martinsabend feiern. Die Hörnchenform sieht aus wie eine halbierte Brezel. Sie kann auch ans Teilen erinnern oder ähnelt dem Hufabdruck von Martins Pferd und soll Glück bringen. Das Rezept reicht für zwei Backbleche.

So geht's: Alle Zutaten in einer Schüssel mit den Knethaken des Mixers verrühren. Mit den Händen den Teig gründlich durchkneten und Hörnchen formen. Auf einem gefetteten Backblech bei 200°C etwa 15 – 20 Minuten backen.

IHR BRAUCHT:
250g Magerquark, 150g Zucker, 450g Mehl, 9 Esslöffel Öl, 1 Päckchen Vanille-Zucker, 1 1/2 Päckchen Backpulver, 2 Esslöffel Milch (wenn der Teig zu trocken ist, auch etwas mehr)

Sankt Martin ritt durch Schnee und Wind

Text u. Melodie: trad. (Ende 19. Jhdt.)

1. Sankt Mar - tin, Sankt_ Mar - tin, Sankt Mar - tin ritt durch Schnee und_ Wind, sein Ross, das trug ihn fort ge - schwind. Sankt Mar - tin ritt mit_ leich - tem Mut: sein_ Man - tel deckt ihn warm_ und_ gut.

2. Im Schnee saß, im Schnee saß,
   im Schnee, da saß ein armer Mann,
   hat Kleider nicht, hat Lumpen an:
   „O helft mir doch in meiner Not,
   sonst ist der bitt're Frost mein Tod!"

3. Sankt Martin, Sankt Martin,
   Sankt Martin zieht die Zügel an,
   sein Ross steht still beim armen Mann.
   Sankt Martin mit dem Schwerte teilt
   den warmen Mantel unverweilt.

4. Sankt Martin, Sankt Martin,
   Sankt Martin gibt den halben still,
   der Bettler rasch ihm danken will.
   Sankt Martin aber ritt in Eil
   hinweg mit seinem Mantelteil.

5. Nun feiern, nun feiern,
   nun feiern alle groß und klein
   heut mit Gesang bei Fackelschein
   sein Fest in Lust und Fröhlichkeit
   nach frommem Brauch aus alter Zeit.

Spielgedicht

Das Martinspferd
möcht' nicht mehr stehen, (mit den Füßen trappeln)
scharrt mit dem Huf, (mit den Füßen scharren)
möcht' endlich gehen!
Schlägt mit dem Schweif (mit dem Popo hin
und her wackeln)
und wiehert leise: (leise wiehern)
„Wann gehen wir
auf Laternenreise?"
St. Martin kommt,
steigt in den Bügel (aufs Pferd steigen)
und nimmt sein Martinspferd am Zügel.
(Zügel in die Hand nehmen)
Durchs Dunkel geht es Schritt für Schritt:
(Reitbewegungen machen)
„Los kommt mit den Laternen mit!" (Martinslaternen
hin und her schwenken)

Annemarie Stollenwerk

Martinsschimmel

Setzt euch im Kreis zusammen. Einer ist der Oberschimmel Trippel-Trappel mit seinem weißen Fell. Er hat eine Dose mit Creme in der Hand. Alle anderen heißen Trippel und bekommen eine Nummer. Dann beginnt der Oberschimmel das Spiel. Er sagt zum Beispiel: „Ich bin der Trippel-Trappel und habe noch keinen Flecken. Dritter Trippel, wie viele Flecken hast du?" Der dritte Schimmel antwortet: „Ich bin der dritte Trippel und habe noch keinen Flecken. Zweiter Trippel, wie viele Flecken hast du?" Macht ein Trippel einen Versprecher, bekommt er vom Oberschimmel Trippel-Trappel mit Creme einen Flecken ins Gesicht getupft. Jetzt wird es immer schwieriger! Denn beim nächsten Mal muss er antworten: „Ich bin der dritte Trippel und habe schon einen Flecken. Trippel-Trappel, wie viele Flecken hast du?" Das Spiel dauert so lange, wie ihr Lust habt. Wer ist am Schluss der fleckigste Schimmel?

Pferdelaterne

So geht's: Legt die Plastikschale mit der geschlossenen Seite nach oben auf den Tisch. Mit einem Cutter muss nun eine kleine Öffnung in die Mitte der Schale geschnitten werden. Tipp: Lasst euch dabei von einem Erwachsenen helfen! Dann wird die Schale rundum mit Kleister und Transparentpapier-schnipseln in eurer Lieblingspferdefarbe beklebt: z.B. ganz braun oder weiß mit schwarzen Flecken. Auf den braunen Fotokarton malt ihr einen Pferdekopf mit Hals und schneidet ihn aus. Malt auf beide Seiten Augen und klebt aus Wolle eine Mähne an. Den Pferdekörper mit dem Cutter vorne einritzen, den Pferdekopf mit etwas Kleber bestreichen, in den Schlitz hineinschieben und trocknen lassen. Vom braunen Tonpapier braucht ihr nun 8 lange Streifen (etwa zwei Zentimeter schmal). Klebt jeweils zwei Streifen mit Kleber aufeinander und faltet das Papier zu einer Hexentreppe. Das müsst ihr insgesamt viermal tun, dann sind die Beine für euer Pferd fertig. Klebt die Beine von innen an den unteren Rand der Schale. Jetzt fehlen nur noch ein Schwanz aus Wolle und ein Draht zum Tragen!

IHR BRAUCHT:
Eine Plastikschale für Obst aus durchsichtigem Kunststoff, Transparentpapier in Braun, Weiß und Schwarz, Kleister, braunen Fotokarton, braunes Tonpapier, Bastelkleber, Wollreste

1.

2.

3.

4.

Die „Hexentreppe"

St. Martin und die Gänse

Ein Versteck im Gänsestall

Der alte Bischof von Tours war gestorben. Die Menschen in Tours suchten dringend einen Nachfolger. Martin sollte ihr Bischof werden. Daher versammelten sie sich vor seinem Haus und riefen laut: „Martin! Martin!" Als Martin den Lärm hörte, öffnete er das Fenster. Die vielen Menschen klatschten begeistert in die Hände: „Martin, du sollst unser Bischof werden! Wir brauchen dich! Komm heraus zu uns!"

Martin bekam es mit der Angst zu tun. „So viele Menschen!", dachte er, „was wollen die von mir?" Heimlich schlüpfte er aus der Hintertür des Hauses. Und so schnell er konnte, rannte er durch die schmalen Straßen von Tours, über den Fluss zum Rand der Stadt. Völlig außer Atem blieb er stehen und dachte: „Wo kann ich mich verstecken, damit sie mich nicht finden?" Er schaute sich suchend um und entdeckte drüben auf der Weide einen alten Stall. Vorsichtig öffnete er die Tür. Eine große Schar Gänse! Hier zwischen den Tieren würden sie ihn nicht finden!

Martin ging in den Stall hinein. „Ruhig, ruhig.", flüsterte er den Gänsen zu. „Ich tue euch nichts." Er ging in die hinterste Ecke des Stalls. Dort lagen einige Strohballen. Martin setzte sich dahinter. Er verteilte das Stroh um sich herum, bis er fast nicht mehr zu sehen war.

Neugierig kamen die Gänse näher. Eine zupfte an den Strohhalmen in Martins Haaren herum und schnatterte: „Was machst du hier? Willst du hier schlafen?" Eine andere kam und knabberte an seinen Schuhsohlen. „Hm, die schmecken aber gut."

Wieder andere drängten sich an ihn und versuchten ihren Schnabel in seine Jackentasche zu stecken: „Gib uns ein paar Körner zu fressen!" Martin war bald umringt von all den Gänsen. Ihr Geschnatter wurde immer lauter und ihr Flügelgeflatter wirbelte Staub und Stroh auf …

In der Zwischenzeit war es draußen dunkel geworden. Die Menschen von Tours hatten bemerkt, dass Martin verschwunden war. Sie holten Laternen und suchten in der ganzen Stadt nach ihm. Doch sie konnten ihn nirgendwo finden.

„Martin, Martin, wo bist du?", riefen sie immer wieder. Am Stadtrand hörten sie plötzlich lautes und aufgeregtes Gänsegeschnatter. „Das

muss aus dem Gänsestall kommen", riefen sie. „Warum sind die Gänse denn so aufgebracht? Lasst uns nachsehen, was da los ist."

So fanden sie Martins Versteck. Als sie ihn zwischen den Gänsen sitzen sahen, begannen sie wieder zu rufen: „Martin, du sollst unser Bischof werden! Die Armen brauchen deine Hilfe! Die Kranken warten auf deinen Besuch!"

Martin sah ihre frohen Gesichter. Da stand er auf und ging zu ihnen. „Ihr habt so lange nach mir gesucht. Ich werde euer Bischof sein", sagte er. Sie überreichten ihm den Bischofsstab und setzen ihm die spitze Bischofsmütze auf den Kopf. Sie nahmen ihn in ihre Mitte, und gemeinsam zogen sie zurück in die Stadt.

Annemarie Stollenwerk
(nach einer alten Legende)

Federpusten

So geht's: Baut auf dem Tisch oder Fußboden mit den genannten Materialien einen Pustegeschicklichkeitsparcours. Zum Beispiel:

- eine Feder durch Tore aus Bauklötzen pusten
- mit Bauklötzen eine Slalomstrecke aufbauen und die Feder um die Klötze herumpusten
- über eine Holzlatte, die ihr an eine Dose lehnt, die Feder in die Dose hineinpusten
- die Feder durch eine Pappröhre hindurchpusten
- tief Luft holen und die Feder so weit wie möglich wegpusten; mit einem Maßband abmessen, wie weit die Feder geflogen ist
- einen Strohhalm zu einem V knicken und versuchen, eine Feder auf der Luft, die durch den Strohhalm strömt, zu balancieren

Habt ihr noch mehr Ideen zum Geschicklichkeitspusten?

IHR BRAUCHT:
kleine Federn aus dem Bastelladen, Bauklötze, eine leere Dose, eine Pappröhre, eine Holzlatte, einen Strohhalm, ein Maßband

Gänselaterne

So geht's: Zeichnet auf das Architektentransparentpapier zwei gleich große Kreise von ca. 30 cm Durchmesser und schneidet sie aus. Streicht auf den Rand des Kreises Kleber und legt beide Kreise aufeinander, oben lasst ihr ein kleines Stückchen offen. Nach dem Trocknen füllt ihr den Hohlraum zwischen den beiden Kreisen mit Federn.

Auf den weißen Fotokarton malt ihr zwei gleich große Kreise von ca. 10 – 15 cm Durchmesser. Das wird der Kopf der Gans. Schneidet das Innere der Kreise heraus und lasst einen Rand stehen. Daran klebt ihr das Architektentransparentpapier.

Für den Gänseschnabel aus dem gelben Tonkarton zwei Dreiecke ausschneiden und mit etwas Kleber am Kopf befestigen. Als Nächstes bohrt ihr mit der Prickelnadel unten zwei Löcher in den Gänsebauch. Dort steckt ihr die gelben Pfeifenputzer hinein als Gänsebeine. Schneidet aus dem gelben Tonkarton zwei Füße aus. Auch sie bekommen mit der Prickelnadel ein Loch, durch das ihr den Pfeifenputzer hindurchsteckt und festklemmt.

Jetzt fehlen nur noch die Gänseflügel. Die schneidet ihr aus dem weißen Tonkarton aus und beklebt sie mit weißen Federn. Die Flügel anschließend am Gänsekörper mit Kleber befestigen. Schiebt nun noch einen Draht für euren Laternenstock durch den Gänsekopf und dreht ihn fest.

Durch die Straßen auf und nieder

Text: Lieselotte Holzmeister
Melodie: Richard Rudolf Klein

Durch die Stra - ßen auf und nie - der

leuch - ten die La - ter - nen wie - der: ro - te, gel - be,

grü - ne, blau - e, lie - ber Mar - tin, komm und schau - e!

2. Wie die Blumen in dem Garten
   Blüh'n Laternen aller Arten:
   Rote, gelbe, grüne, blaue,
   lieber Martin, komm und schaue!

3. Und wir gehen lange Strecken
   mit Laternen an den Stecken:
   rote, gelbe, grüne, blaue,
   lieber Martin, komm und schaue!

Von der Fidula-CD 4427 „Martins- und Laternenlieder"
© Fidula Verlag Boppard/Rhein

Würfelspiel: Gänsegewatschel

IHR BRAUCHT:
Einen Würfel, jeweils
einen Stock, Ball,
Plastikei, Löffel,
20 bunte Federn aus
dem Bastelladen, eine
gebastelte Gänse-
Spielfigur.

Spieleinführung:
Wenn die Gänse bei Eiseskälte nicht mehr draußen auf der Wiese herumspazieren können, kommen sie in den Stall. Doch im engen Gänsestall wird es den Gänsen oft ziemlich langweilig. Sie haben sich ein Spiel gegen die Langeweile ausgedacht.

So geht die Gänsespielfigur:
Nehmt einen Korken und bohrt mit einer Prickelnadel oder einem Nagel ein Loch hinein. Tipp: Lasst euch von einem Erwachsenen helfen! Mit etwas Kleber befestigt ihr in dem Loch eine bunte Feder, für jeden Mitspieler eine andere Farbe.

Spielanleitung:
Ihr könnt dieses Würfelspiel zu zweit oder zu mehreren spielen. (Tipp: Vorne im Buch findet ihr ein Spielfeld!) Es wird reihum gewürfelt. Wer die höchste Zahl würfelt, darf anfangen und watschelt mit seiner Gans über den nummerierten Weg. Wer auf einem Spielfeld mit einer Gänsefeder landet, muss eine Aufgabe lösen, ehe er weitergehen kann. Wer zuerst mit seiner Gans ins Ziel gewatschelt ist, gewinnt.

Aufgaben:
Feld Nr. 1: Sich 3 x von einer Gänsefeder kitzeln lassen. Wer lacht: 3 Felder zurück. Wer es schafft, ernst zu bleiben, darf noch mal würfeln.

Feld Nr. 2: Wie eine Gans schnattern und dabei mit den „Flügeln" (Armen) schlagen.

Feld Nr. 3: Im „Entengang" um den Tisch herumlaufen.

Feld Nr. 4: 10 – 20 Gänsefedern – eine nach der anderen – vom Tisch pusten.

Feld Nr. 5: Gänse treiben: einen Ball mit einem Stock um den Tisch herumführen.

Feld Nr. 6: Versuchen, einem Mitspieler am Arm eine „Gänsehaut" zu kitzeln. Wenn es gelingt, noch mal würfeln.

Feld Nr. 7: Ein Ei auf einem Löffel um den Tisch herumbalancieren.

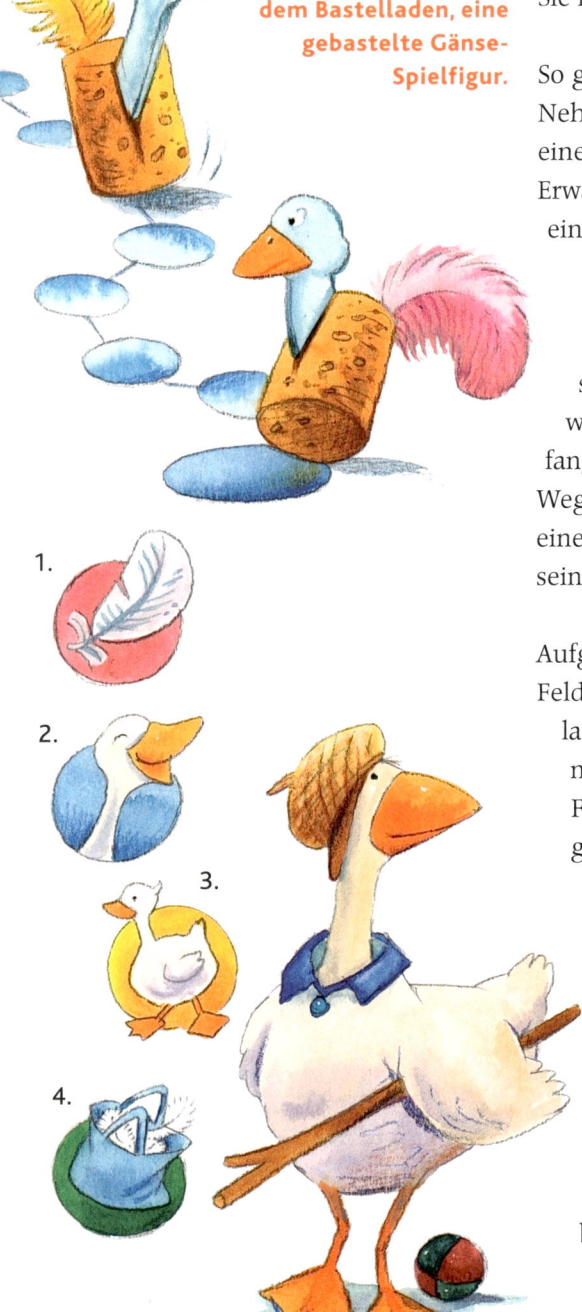

1.

2.

3.

4.

5.

6.

7.

Warum die Gänse schnattern

Rotpelz, ein junger, unerfahrener Fuchs schlich in der Abendsonne über die Wiese. Er freute sich, als er dort eine große Gänseschar sah. Denn er hatte seit dem Frühstück nichts mehr gegessen. „He, ihr Gänse!", rief er. „Ihr wisst, dass ihr meine Leibspeise seid. Die schönste und dickste von euch werde ich mir zum Abendessen aussuchen." Die Gänse erschraken sehr. Emma, die frechste Gans, flüsterte ihnen zu: „Wir werden den Fuchs reinlegen. Lasst mich nur machen!" Emmas Herz klopfte sehr, als sie auf den Fuchs zuwatschelte. Doch sie sah ihm mutig in die Augen und sagte: „Herr Fuchs, wir werden uns in einer Reihe aufstellen, und du sollst dir die Beste für dein Abendbrot aussuchen. Vorher wollen wir aber noch einmal unser Gänselied singen."
Rotpelz Fuchs überlegte kurz: „Na gut, ich warte, bis euer Lied zu Ende ist."
Auf Emmas Zeichen stellten sich die Gänse in einer Reihe auf.
„Unser Abschiedslied!", rief Emma und gab mit ihren Flügeln den Einsatz zum Singen. Die Gänsefrauen begannen und sangen: „Ga-gi-gack!" Die Gänsemänner konnten nicht warten, bis Emma ihnen den Einsatz gab. Sie sangen einfach mit tiefer Stimme dazu: „Ga-ga-ga!" Dann begannen die Gänsekinder zuerst leise, aber dann immer mutiger: „Gack-gack-gack!" Die Gänsebabys stimmten mit einem piepsenden Gick-gick-gick! ein, und bald schnatterten alle zusammen. Und das klang so: „Ga-gi-gack, ga-ga-ga, gack-gack-gack, gick-gick-gick!"
Der Fuchs lauschte verwirrt dem Gänselied - es wollte einfach kein Ende nehmen! Nach einer Weile knurrte er wütend: „Ihr habt mich reingelegt!" Hungrig rannte er davon.
Und wenn ihr Gänse schnattern hört, wisst ihr, dass ihr Lied für den Fuchs noch immer nicht zu Ende ist!

Annemarie Stollenwerk
(nach einem alten Märchen)

Martin und der kleine Vogel

Wie der Martinsfischer zu seinem Namen kam

Es war einmal ein kleiner grauer Vogel. Der war in einer stürmischen Nacht aus dem Nest gefallen. Er landete auf weichem Moos und war zum Glück nicht verletzt. Erschrocken piepste er nach seiner Vogelmutter. Doch sie hörte ihn nicht, denn sie war gerade auf Futtersuche für ihre Kleinen. Der kleine graue Vogel konnte noch nicht fliegen. Und weil die Vogelmutter nicht kam, um ihm zu helfen, hüpfte er in großer Verzweiflung von einem Bein aufs andere und piepste jämmerlich. Das Schlimmste daran war: Er hüpfte immer weiter weg von seinem Zuhause, bis er völlig erschöpft zu einem Teich kam. Die kleinen Beinchen waren müde vom Hüpfen und die grauen Federn vom Sturmwind wild zerzaust. Da kam eine Windböe und wehte ihn in eine Baumritze hinein. Hier war der kleine Vogel erst einmal sicher und fiel in einen tiefen Schlaf.

Als der kleine graue Vogel am nächsten Morgen erwachte, hörte er unbekannte Geräusche: Pferdehufe und eine Menschenstimme. Und weil er so hungrig war, hüpfte er mit zitternden Beinchen ins Freie. Die Sonne spiegelte sich im Teich. Ein weißes Pferd graste unter einem Baum, ein Mann saß am Ufer des Teiches und angelte. Es war Martin, ein junger Reitersmann. Er entdeckte den kleinen zerzausten Vogel und setzte ihn behutsam in seine große Hand: „Wer bist denn du, kleiner grauer Vogel? Du zitterst ja! Komm, ich wärme dich in meiner Hand." Der kleine Vogel schaute Martin mit großen angsterfüllten Augen an. „Keine Angst, mein Kleiner, ich tu dir nichts zu Leide", tröstete Martin den kleinen Vogel, und weil er glaubte, dass er hungrig war, gab er ihm einen kleinen Fisch zu fressen. Das war das einzig Essbare, was er gerade hatte. Der kleine Vogel schluckte den kleinen Fisch gierig hinunter. Und da erinnerte er sich plötzlich an sein Zuhause, an das Nest mit den Vogelgeschwistern und an die Vogelmutter. Die hatte ihnen auch immer frischen Fisch gebracht. Aber das war schon lange her, so dachte der kleine

Vogel, und eine winzige Träne tropfte aus seinem kleinen Auge und rollte über Martins Hand. „Was bist du nur für ein trauriges Wesen? So etwas Trauriges wie dich habe ich noch niemals zuvor gesehen", sagte Martin leise. Dabei streichelte er dem kleinen Vogel über den kleinen Bauch, um ihn zu trösten. Er ahnte, dass der kleine Vogel etwas Schlimmes erlebt hatte. Und während Martin den kleinen Vogel streichelte, geschah etwas Wunderbares. Seine grauen Bauchfedern wurden schön warm und bekamen eine rötlich schimmernde Farbe. Da sah der kleine Vogel nicht mehr so traurig aus. Er zitterte auch nicht mehr, er hatte keinen Hunger mehr und seine Augen begannen zu leuchten. Da spürte Martin, wie glücklich er wurde, weil er einem kleinen Vogel das Leben gerettet hatte. Weil ihn plötzlich die Sonne im Auge blendete oder vielleicht vor lauter Glück tropfte auch aus Martins Auge eine Träne. Sie rollte über den Rücken des kleinen Vogels, und da geschah zum zweiten Mal etwas Wunderbares: Sein Federkleid am Rücken verfärbte sich – diesmal in ein strahlendes Himmelblau. Und so kam es, dass der kleine schöne Vogel bei Martin blieb, bis er eines Tages wie von selbst seine Flügel ausbreitete und fliegen konnte. Und er flog zum Teich im Wald, dort wo sich der kleine Vogel und Martin kennengelernt hatten. Er stürzte sich aus freiem Flug mitten in den Teich hinein. Als er aus dem Wasser aufflog, hielt er stolz seinen ersten selbst gefangenen Fisch im Schnabel. Den brachte er Martin, zum Dank dafür, dass er ihm das Leben gerettet hatte. Und Martin nannte seinen treuen Freund „Martinsfischer", weil er ihm seinen ersten selbst gefangenen Fisch gebracht hatte.

Regina Bestle-Körfer
(nach einer Legende neu erzählt)

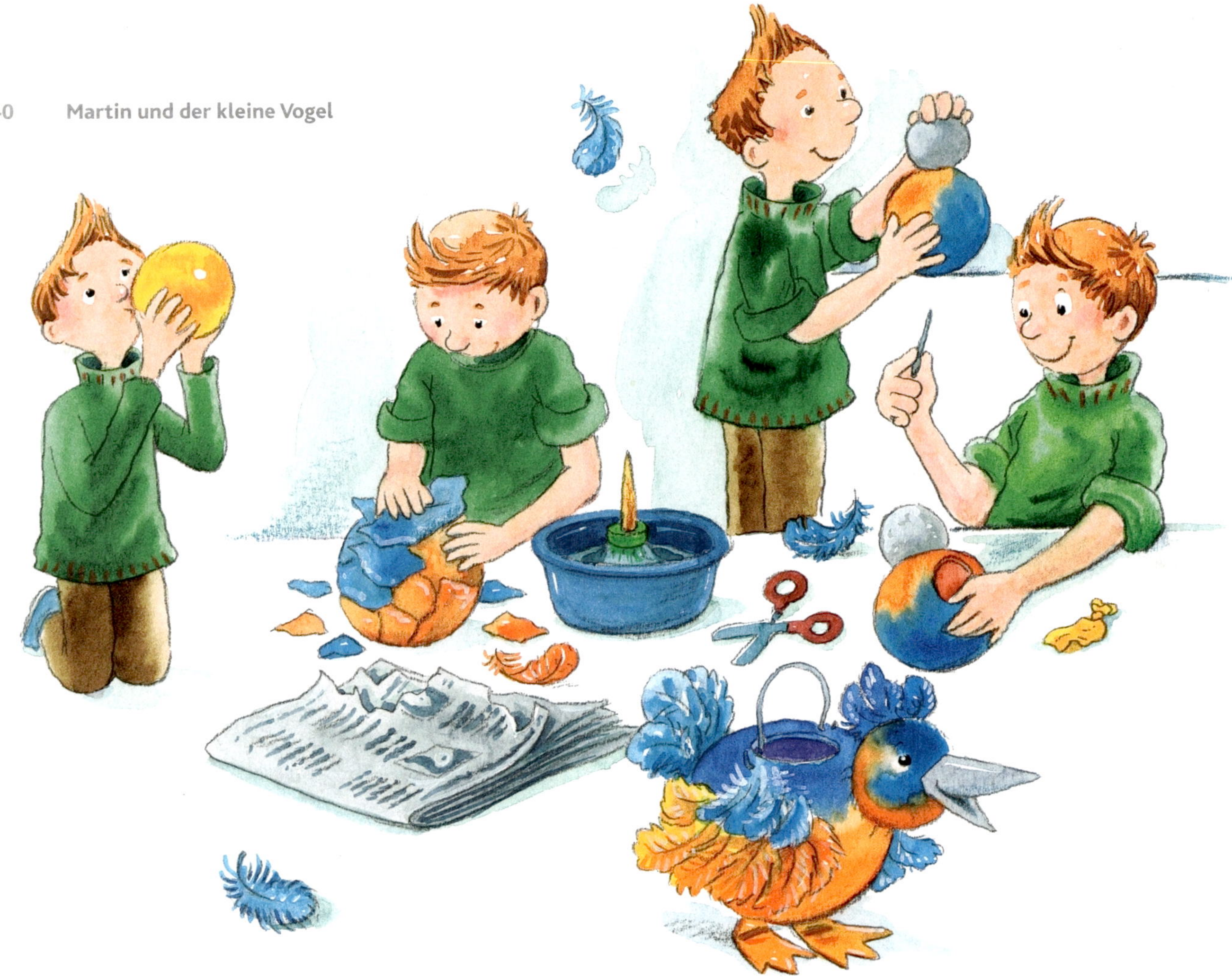

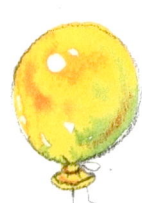

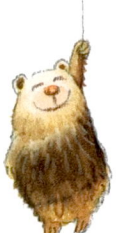

Eisvogellaterne

IHR BRAUCHT: Einen kleinen Luftballon, einen Bogen Zeitungspapier, Transparentpapier in Orange, Rot und verschiedenen Blautönen, Kleister, orangen Fotokarton, Schere, blaue und orangene Federn, Bastelkleber, Draht

So geht's: Den kleinen Luftballon aufblasen und zuknoten. Mit Kleister Schnipsel aus Transparentpapier aufkleben: Die Brust des Eisvogels wird abwechselnd mit orangem und rotem Transparentpapier, der Rest in Blau beklebt. 2 – 3 Schichten Papier reichen aus. Den Kopf des Vogels modelliert ihr, indem ihr eine Stück Zeitung zu einer Kugel zusammenknüllt und mit Transparentpapierstücken am Körper festklebt. Das ist ein bisschen knifflig! Tipp: Lasst euch von einem Erwachsenen helfen! Alles 1 – 2 Tage trocknen lassen. Schneidet auf dem Rücken des Eisvogels eine Öffnung in die Transparentpapierhülle und stecht mit einer Nadel in den Luftballon. Wenn die Luft entwichen ist, könnt ihr den Luftballon ganz leicht herausziehen. Aus dem orangen Fotokarton schneidet ihr zwei Vogelfüße aus und klebt sie unten an den Vogelkörper. Ihr könnt euren Eisvogel schmücken, indem ihr ihn mit Federn beklebt. Jetzt fehlt nur noch ein Draht, an dem ihr den Laternenstab festmacht.

Ich geh mit meiner Laterne

Text und Melodie: aus Norddeutschland

Ich geh mit mei-ner La-ter-ne und mei-ne La-ter-ne mit

mir. Dort o-ben leuch-ten die Ster-ne und un-ten, da

leuch-ten wir. Mein Licht ist aus, wir gehn nach Haus, ra-

bim-mel, ra-bam-mel, ra-bumm. Mein Licht ist aus, wir

gehn nach Haus, ra-bim-mel, ra-bam-mel, ra-bumm.

2. Ich geh mit meiner Laterne ...
   Laternenlicht, verlösch mir nicht!
   Rabimmel, rabammel, rabumm.

3. Ich geh mit meiner Laterne ...
   Mein Licht ist aus, wir gehn nach Haus,
   rabimmel, rabammel, rabumm.

Am Martinsfeuer

Tessa wird Feuerwächter

„Mama, wo sind meine Gummistiefel?", ruft Tessa.

Mama kommt die Kellertreppe herauf. „Hier, mein Schatz! Die wirst du im Wald gut gebrauchen können."

Die letzten Tage waren grau und es hat viel geregnet. Richtiges Novemberwetter! Heute ist es trocken. Zwischen den Wolken blinzelt sogar ein bisschen die Sonne hervor. Tessa freut sich auf den Ausflug mit ihrer Kindergartengruppe zur Waldschule. Frau Jansen, ihre Erzieherin, hat den Kindern erzählt, dass in der Waldschule Feuertag ist. Dort können sie viel Spannendes rund ums Feuer entdecken. Um am Ende des Tages dürfen sie zusammen mit dem Förster Feuer machen.

Zu Fuß gehen die Kinder los. Die Luft im Wald ist kühl und feucht. „Schau mal, Julia, da wachsen Fliegenpilze", sagt Tessa zu ihrer Freundin. Die Kinder staunen über die knallroten Pilze mit den weißen Punkten. „Tock, tock, tock!", tönt es aus dem Wald. „Ein Specht", erklärt Frau Jansen. „Seht ihr, wo er sitzt?" Timo und Alexander entdecken ihn am Stamm einer dicken Buche.

„Da ist ein Haus!", rufen Nele und Leonie nach einer Weile.

„Das ist die Waldschule", sagt Frau Jansen, „wir sind schon da!" Die Kinder rennen los. Am Haus wartet Herr Pauly, der Förster, mit seinem Hund Lump. „Schön, dass ihr zum Feuertag gekommen seid!", begrüßt er die Kinder. Lump bellt dazu. Mit seinem langen Schwanz wedelt er Timo die Kappe vom Kopf. Die Kinder kichern.

Herr Pauly führt die Kinder auf die große Wiese hinter der Waldschule. In einem Kreis aus dicken Steinen liegen verkohlte Äste. Es riecht nach Feuer. „Habt ihr schon einmal Feuer gemacht?" fragt der Förster die Kinder. Alle schütteln den Kopf.

„Beim Grillen zünden meine Eltern immer das Feuer an", erzählt Julia.

„Was brauchen wir denn, um Feuer zu machen?", will Herr Pauly wissen. Die Kinder überlegen nicht lange und rufen: „Holz!"

„Im Wald können wir heute leider kein Holz sammeln. Vom Regen ist es zu nass zum Feuermachen", erklärt Herr Pauly den Kindern. „Doch die Kinder, die hier zu uns kommen, sammeln das ganze Jahr über Holz und bringen es zum Trocknen in den Schuppen. Kommt mal mit!"

Die Kinder tragen Holz zur Feuerstelle. Frau Jansen und der Förster helfen mit. Julia und Tessa stöhnen: „Pu, ist das anstrengend!"

Herr Pauly hat sich neben die Feuerstelle gekniet. Er knüllt ein Stück Zeitungspapier zusammen und legt es in die Mitte. „Da sitzen die Feuergeister drin!", flüstert er geheimnisvoll. „Hoffentlich können wir sie wecken!" Die Kinder stellen viele dünne Äste um das Zeitungspapier herum.

„Das sieht ja aus wie ein Indianerzelt!", sagt Nele.

„Die Zeltform ist ganz wichtig beim Holzaufschichten.", erklärt Herr Pauly. „ So kann die Luft besser zwischen den Zweigen hindurch. Ohne Luft würde unser Feuer gar nicht brennen." Die dicken, schweren Holzstücke baut Herr Pauly um die dünnen herum auf. „Was fehlt denn jetzt noch?" will er von den Kindern wissen.

„Streichhölzer!", rufen sie. Er geht ins Haus und holt eine kleine Laterne mit einer Kerze darin. In der anderen Hand hat er auch noch einen Eimer voll Wasser. Lump schlabbert neugierig an dem Wasser. Herr Pauly nimmt ihn am Halsband und sagt: „Schluss, Lump! Womit sollen wir denn löschen, wenn du alles austrinkst?" Lump schaut so beleidigt, dass alle lachen müssen. Dann nimmt Herr Pauly die Streichhölzer aus der Tasche und zündet die Kerze an.

„In meinem Bauch ist es so kribbelig", flüstert Tessa Julia ins Ohr.

Herr Pauly gibt jedem Kind ein langes, dünnes Stück Holz. „Das ist ein Span", sagt er. Auch Frau Jansen bekommt einen. Die Kinder zünden ihren Span an der Kerze an und schieben ihn tief in den Holzstapel hinein bis zum Zeitungspapier. Sofort fängt die Zeitung Feuer. Die Flammen springen kreuz und quer durch den Holzstapel. Auch die dünnen Äste fangen Feuer. „Seht ihr, ihr habt es geschafft, die Feuergeister in der Zeitung aufzuwecken! Unser Feuer wird jetzt immer größer und heller", sagt Herr Pauly.

„Das sieht toll aus, wie die Flammen hin und her zappeln", ruft Timo. Das Feuer knistert und knackt. Manchmal zischt es auch. Tessa und Julia erschrecken sich, als plötzlich viele kleine Funken nach oben in den Himmel spritzen.

Herr Pauly legt den Kindern dicke Holzbalken hin. Darauf setzen sie sich um das Feuer herum.

„Dann wird euer Popo nicht so kalt!", sagt er.

„Mein Gesicht ist vom Feuer aber schon ganz schön warm!", sagt Alexander. Die Kinder beobachten das lodernde, flackernde Feuer.

Die Flamen leuchten rot, gelb und ein bisschen violett. Einige Holzstücke brechen mit einem lauten Knacken auseinander. „Das waren bestimmt die Feuergeister!", sagt Frau Jansen.

Herr Pauly erzählt ihnen die spannende Geschichte von Feuergeist Horifikus. Nur Lump findet es nicht spannend, denn er ist neben dem Feuer eingeschlafen.

Frau Jansen schaut auf die Uhr und sagt zu Herrn Pauly: „Es ist spät geworden, wir müssen uns bald auf den Heimweg machen."

„Nein!", rufen die Kinder. „Wir wollen noch am Feuer bleiben und abwarten, bis es ausgeht", betteln sie.

„Dann seid ihr jetzt die Feuerwächter", sagt Herr Pauly. „Ein Feuer darf man nicht alleine lassen, bis die Glut vollständig erloschen ist." Die Kinder rücken näher an das Feuer heran. Es hat keine großen Flammen mehr. Nur die dicken Holzstücke glühen rot.

Der Förster gibt den Kindern lange Stöcke. „Damit könnt ihr die Glut im Feuer ausbreiten." Die Kinder zerteilen das glühende Holz in kleine Stücke. Herr Pauly nimmt den Wassereimer und schüttet ein bisschen Wasser in die Glut. Es zischt und raucht! Die Kinder halten sich die Augen zu. Der Qualm zwickt in den Augen. „Die Feuergeister sind verschwunden!", sagt Tessa. Zum Schluss dürfen Timo und Alexander das restliche Wasser in die Feuerstelle schütten. Das Feuer ist aus.

„Ihr wart tolle Feuerwächter", sagt Herr Pauly. Aus seiner Jackentasche zieht er für jedes Kind ein Stück Pappe an einem Band. Darauf ist ein loderndes Feuer gemalt und darunter steht: Feuerwächterorden. Jedem Kind hängt er den Orden um den Hals. „Alle Kinder mit diesem Orden dürfen beim Feuermachen helfen." Die Kinder freuen sich.

„Wann können wir denn das nächste Mal Feuer machen?", fragt Tessa.

Frau Jansen überlegt. Dann lächelt sie und sagt: „Ich habe eine Idee. Nächste Woche ist

St. Martin. Dann machen wir Feuer am Kindergarten.
Und alle Feuerwächter dürfen beim Martinsfeuer helfen."

„Hurra!"

„Super!"

„Das ist toll!", rufen die Kinder durcheinander.

Herr Pauly lacht und sagt: „Das war ein schöner Tag mit euch. Ich wünsche euch ganz viel Spaß beim Martinsfeuer." Fröhlich machen sich die Kinder mit Frau Jansen auf den Heimweg.

Am Kindergarten wartet Mama schon auf Tessa. „Hallo, mein kleiner Waldgeist!", sagt sie. Sie drückt Tessa fest an sich. „Du riechst aber gut nach Wald und Rauch!" Und da sprudelt Tessa auch schon los und erzählt ihrer Mutter von dem spannenden Tag in der Waldschule …

Annemarie Stollenwerk

Feuerlaterne

So geht's: Aus dem Transparentpapier reißt ihr Flammen in allen Feuerfarben und klebt sie mit Kleister auf das Architektenpapier. Achtet beim Aufkleben darauf, dass sich die Farben immer ein bisschen überschneiden, dann wirkt euer Feuer wilder und lebendiger! Das fertig gestellte Feuer klebt ihr mit Kleber an den Laternendeckel und -boden. Am Laternendeckel zieht ihr mit der Hilfe eines Erwachsenen noch einen Tragedraht ein.

IHR BRAUCHT:
Laternendeckel und -boden, Architektenpapierzuschnitt, Transparentpapier in Rot, Gelb und Orange, Kleister und Bastelkleber, Draht

Martinsfeuer

Knister, knaster, knuuster,
wird es draußen duster,
zünden wir ein Feuer an,
das im Dunkel leuchten kann.

Zwischen Ästen, Holz und Kohlen
muss das Feuer Atem holen,
um zu lodern, um zu flackern,
um zu knistern und zu knackern.

Strahlend heller Flammenschein
leuchtet in die Nacht hinein.
Funken sprühen, tanzen, springen,
wenn wir Martinslieder singen.

Annemarie Stollenwerk

Feuertanz

IHR BRAUCHT:
Krepppapierrollen in
den Feuerfarben Gelb,
Orange und Rot

So geht's: Schneidet die Krepppapierrollen in ca. 2 cm breite Streifen. Von jeder Farbe nehmt ihre einen Streifen und bindet ihn um euer Handgelenk.

So wird getanzt:
1. Winzige Flammen hocken zusammen: *Hockt euch im Kreis auf den Boden.*
2. Die Flammen werden heller: *Richtet euch auf, geht wieder in die Hocke, wedelt mit den Feuerbändern.*
3. Die Flammen lodern und biegen sich: *Mit den wehenden Bändern hin und her wedeln, den Oberkörper mitbewegen.*
4. Das Feuer wird noch größer: *Stellt euch auf die Zehenspitzen.*
5. Das Feuer wird zur Glut und geht langsam aus: *Mehrmals in die Hocke gehen, dann wieder aufrichten. Auf den Boden knien und die Arme mit den Feuerbändern sinken lassen; nur noch in kleinen Bewegungen in Bodennähe flattern.*

Lasst uns froh und munter sein

Text u. Melodie: volkstümlich
(aus dem Rheinland)

1. Lasst uns froh__ und__ mun - ter sein

und uns recht von__ Her - zen freun! Lus - tig, lus - tig,

tra - le - ra - le - ra! Heut ist Mar - tins -

a - bend da, heut ist Mar - tins - a - bend da!

2. Nehmt die Fackel in die Hand,
rasch die Kerze angebrannt.
Lustig, lustig …

3. Alle gehen mit der Latern,
singen von Sankt Martin gern.
Lustig, lustig …

4. Und dann backt nach altem Brauch
uns die Mutter Kuchen auch.
Lustig, lustig …

5. Stehen wir am Feuer dann,
schauen uns die Funken an.
Lustig, lustig …

6. Freu'n uns, wie es Funken sprüht,
bis das letzte Holz verglüht.
Lustig, lustig …

7. Nach der Freude danken wir
unserm lieben Gott dafür.
Lustig, lustig …

REGISTER

Bibliografische Information der Deutschen Nationalbibliothek
Die Deutsche Nationalbibliothek verzeichnet diese Publikation in
der Deutschen Nationalbibliografie; detaillierte bibliografische
Daten sind im Internet über http://dnb.d-nb.de abrufbar.
© 2009 Patmos Verlag GmbH & Co. KG
Sauerländer, Düsseldorf
Alle Rechte vorbehalten
Umschlaggestaltung: h.o. pinxit, Basel
unter Verwendung von Illustrationen von Hans-Günther Döring
Printed in Poland
ISBN 978-3-7941-7631-1
www.sauerlaender.de